So einfach spielst du bambinoLÜK:
Öffne das bambinoLÜK-Lösungsgerät und lege es auf dein aufgeschlagenes bambinoLÜK-Heft.
Lege die sechs Plättchen mit den Symbolen nach oben auf die Aufgaben mit den gleichen Symbolen, also das Plättchen mit dem roten Symbol Haus auf die Aufgabe mit dem roten Symbol Haus oben links in der Ecke. Wenn alle Plättchen auf den Aufgaben liegen, nimmst du das Plättchen mit dem Symbol Haus und siehst dir die Aufgabe an, auf der das Plättchen lag.
Welches Bild auf der unteren Seite passt wohl dazu? Lege das Plättchen auf dieses passende Bild.
Mach es ebenso mit den anderen fünf Plättchen und Aufgaben.
Schließe dann das bambinoLÜK-Lösungsgerät und drehe es nach oben um.
Jetzt siehst du das bei der Übung abgebildete Lösungsmuster.

Die Spielanleitung

Die Spielanleitung findest du auch auf **www.luek.de**

Autor: Michael Junga, Illustrationen: Frank Bayer, Duisburg
Druck und Verarbeitung: westermann druck GmbH, Braunschweig
ISBN 978-3-8377-**7681**-2

FSC MIX Papier FSC® C009717

AF640254

1 Wo findest du was?

2 Was siehst du auf dem Weg zum Kinderarzt?

ERKÄLTUNG

3 Wo findest du was vor der Arztpraxis?

4 Wo liegt was bei der Anmeldung?

Oximoxin

5 Wo liegt das im Wartezimmer?

6 Wo ist das im Behandlungszimmer?

7 Wo entdeckst du das noch einmal?

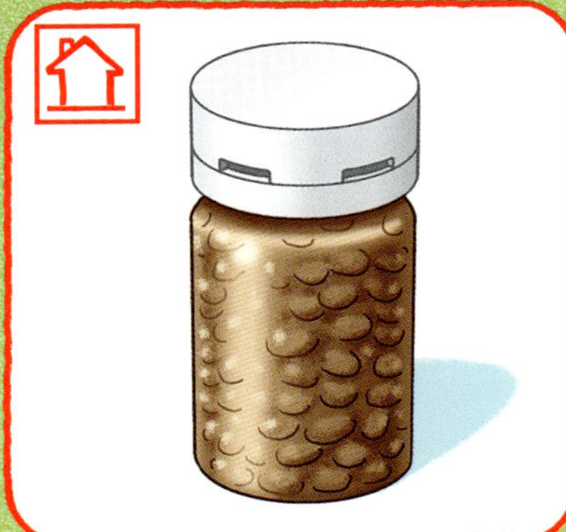

170
160
150
140
130
120
110
100
90
80
70
60
50
40
30
20

8 Wo siehst du das im großen Bild?

REZEPT

9 Wo ist das im Besprechungszimmer?

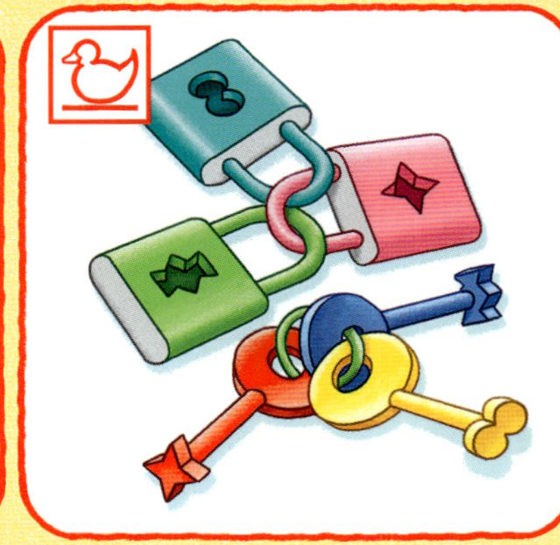

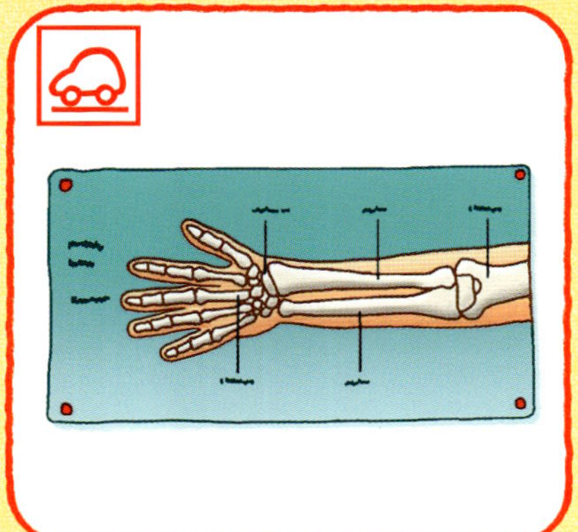

10 Wo findest du diese Luftballons wieder?

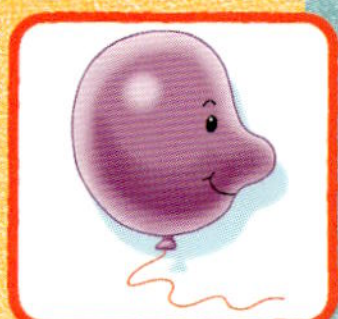

11 Wo steht was in der Apotheke?

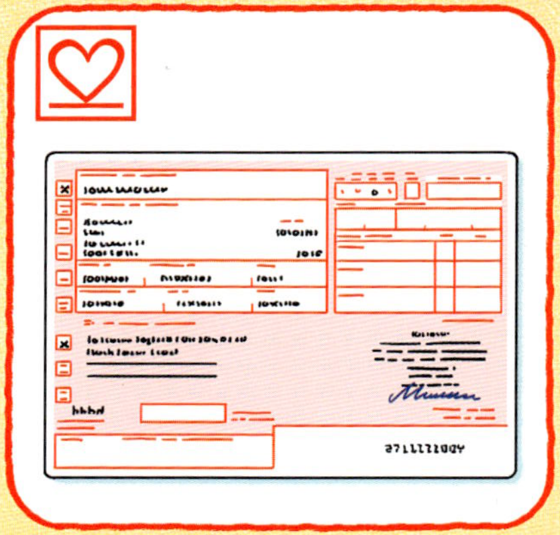

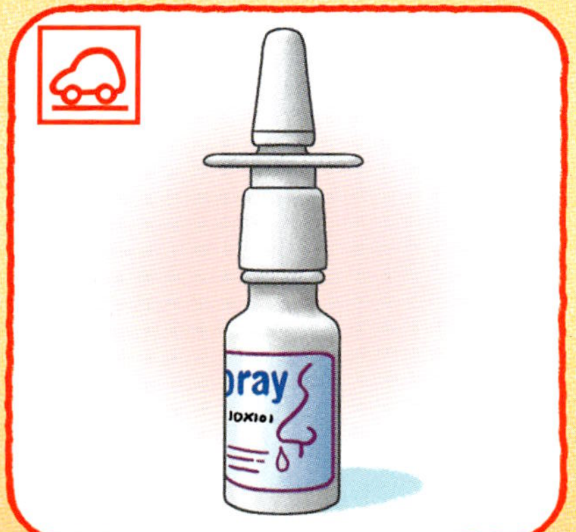

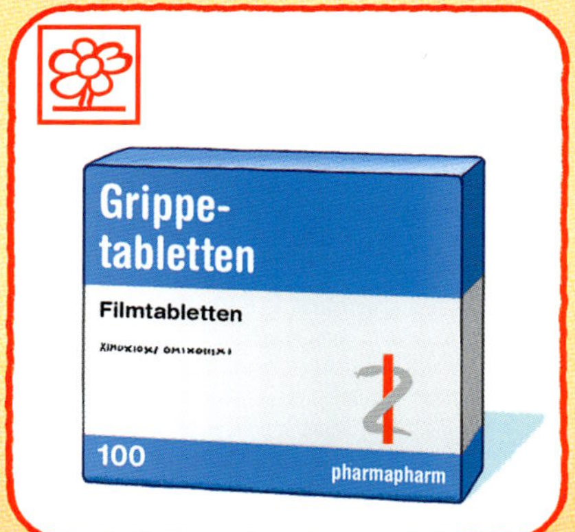

AQUA
Gripp-tabletten
Halsbonbons
zuckerfrei
Moxinig
Ixomox

Inhalt

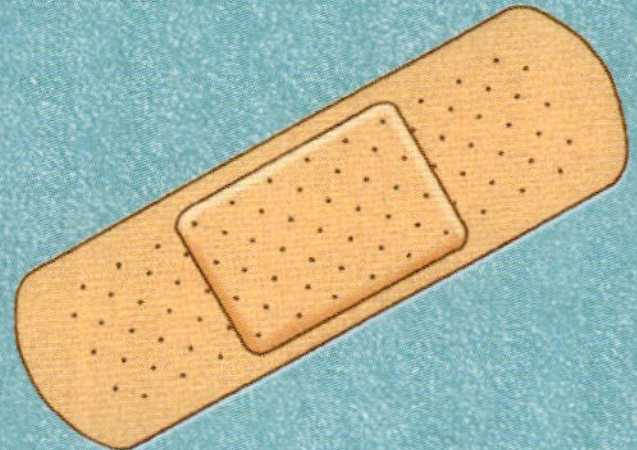